JN411097

강전영 열 번째 詩集

기다리지 않아도 그 사람이다

기다리지 않아도 그 사람이다

인 쇄: 초판인쇄 2016년 01월 10일
인 쇄: 초판인쇄 2016년 01월 15일
지은이: 강전영
펴낸이: 윤기영
편 집: 정설연
펴낸곳: 노트북
등 록: 제 305-2012-000048호
본 사: 서울시 동대문구 사가정로 256-4호 나동B101호
전 화: 070-8887-8233 팩시밀리 02-844-5756
이메일: hdpoem55@hanmail.net

2016. 01 강전영 열 번째 詩集

정 가: 10,000원
ISBN: 978-89-92687-57-7-03810

한국현대시[韓國現代詩]

811.7-KDC6
895.715-DDC23 CIP2015031528

기다리지 않아도 그 사람이다

목차

1부. 기다리지 않아도 그 사람이다

2부. 남자의 가을 이야기

3부. 그리움 담은 별 하나 당신

4부. 독자들한테 사랑받는 낭송시

InstaMag
인천공항
6015

1부.

기다리지 않아도 그 사람이다

기다리지 않아도 그 사람이다 1

우리 어디서 본 적이 있을까
곰곰이 생각해봐도
낯설지 않은 이름 석 자

우리 어디서 본적이 있을까
알듯 말듯
당신이 좋아요 오늘처럼 어제도
내일도 당신이 좋아요

우리 어디서 본적이 있을까
곰곰이 생각해봐도
기다리지 않아도 찾아오는 그 사람
당신을 사랑합니다.

기다리지 않아도 그 사람이다 2

좋아한다
사랑한다

표현은 굳이 안 해도
가슴이 먼저 아는 사람

기다리지 않아도 그 사람
당신입니다.

기다리지 않아도 그 사람이다_강진영

기다리지 않아도 그 사람이다 3

비 온 뒤에 더 아름다워지는 것은
바다가 보이는 어느 섬
소나무 한그루가 그 빛깔을 더 뽐내고 있다

느긋하게 기다리는 지혜를 일깨워 주는
어느 한 사람의 동화 같은 이야기
그 서막이 한여름 밤의 꿈처럼 시작이 된다

반짝이는 백사장의 모래알들이 신비한 별처럼
가슴에 안겨져 부서지는 밤
기다리지 않아도 그 사람이다.

기다리지 않아도 그 사람이다 4

딱지치기를 좋아하던 소년이
당신을 사랑하게 되었습니다

구슬치기를 좋아하던 소년이
당신을 사랑하게 되었습니다

고무줄놀이를 좋아하던 소녀가
당신을 사랑하게 되었습니다

공기놀이를 좋아하던 소녀가
당신을 사랑하게 되었습니다

책상에 금을 긋고 넘어오지 말라던 소년이
당신을 사랑하게 되었습니다

손잡기 싫어서 신발주머니 잡았던 소녀가
당신을 사랑하게 되었습니다

친구 같은 애인 그 사람이다.

기다리지 않아도 그 사람이다 5

가평에 가면 그 사람이 있다
빈센트의 vincent 곡이 흐르는 어느 펜션

가을밤이면 바비큐 굽는 냄새가 콧등을 마비시키고
저 멀리 남이섬까지 통기타 연주로 마비시키듯
가평에 가면 그 사람이 있다

어느 시인이 찾아와 즉흥시를 낭송하는 날
방울토마토 첫사랑 입맞춤하듯
입안에서 살살 녹는 그 사람이
오늘은 기다리지 않아도 당신인 것을

조금 더 늦게 찾아와 미안해요
한여름 밤의 꿈처럼 찾아 왔지만
다음 세상 올 적에는
하얀 겨울 하얀 눈이 내리는 날
가평 당신이 자리한 보금자리 펜션에
소국 한 다발 들고서 소리 없이 찾아 갈게요

오늘은 갈 수도 없는 서울의 달
내일은 갈 수도 없는 서울의 달
두 눈 딱 감고 가는 날
기다리지 않아도 그 사람이다.

기다리지 않아도 그 사람이다 6

기다리지 않아도
막걸리 한 잔 마시자고 톡이 오는 사람이 있다면
그 사람이다

기다리지 않아도
전화가 벨이 울리는 사람이 있다면
그 사람이다

기다리지 않아도
꿈속에서 만날 수 있는 사람이 있다면
그 사람이다

기다리지 않아도
껄껄 웃는 소리를 좋아하는 사람이 있다면
그 사람이다

기다리지 않아도 그 사람이다 7

보고 싶다는 말 겁이 나요
그립다는 말 겁이 나요
목소리라도 듣고 싶은데 겁이 나요
전철을 타고 버스를 타고 멀리 서라도 보고 싶은데
겁이 나요 상처받을까 봐 겁이 나요 그 사람이.

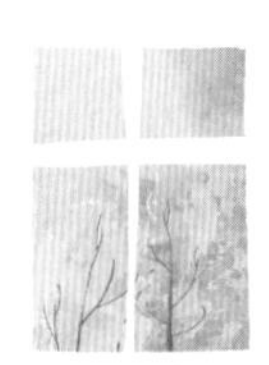

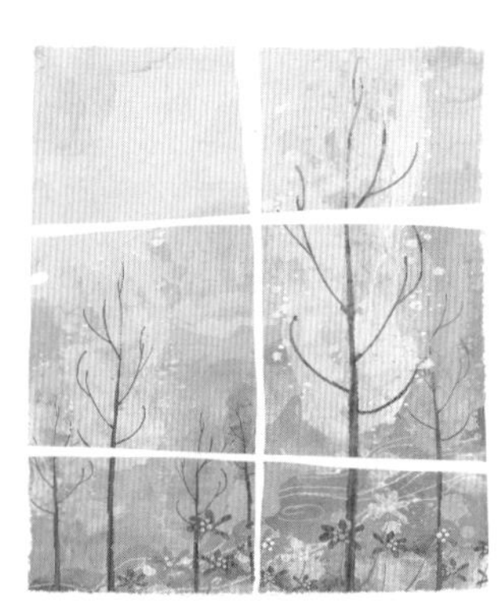

기다리지 않아도 그 사람이다 8

허락되지 않은 인연 속에서
허락되지 않은 사랑을

가을 가고 겨울이 와도
이별 연습은
몹쓸 비가 되어 내리는 오후

허락된 인연이라면
기다리지 않아도 그 사람인데

허락된 사랑이라면
기다리지 않아도 그 사람인데

내 눈은 그 사람만 바라봐
내 심장은 그 사람을 위해 뛰고 있어
내 가슴은 그 사람을 너무 아프게 해.

기다리지 않아도 그 사람이다 9

몇 글자 써 보고 지우고
당신은 수없이 지우며 울겠지만

다시, 지우고 지우는
당신은 말없는
사슴의 슬픈 눈동자

가슴으로 하는 말하지 못하니
폐쇄 공포증으로 돌아오고

그 모습 기다리지 않아도
생맥주보다 더 간절한 목마름으로
마신다는 것을.

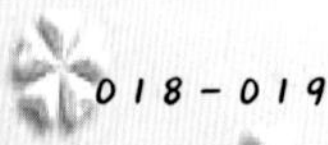

기다리지 않아도 그 사람이다 10

사진 한 장 가슴에 담고
두건을 머리에 두르니
가을걷이하듯 비가 내린다

남도로 가는 야간열차에 오르던 밤
서울은 추억마저 찾을 수 없는 미로
열차 안에서 마시는 캔 맥 하나에
뭉클해지는 눈물은 사진마저 얼룩이 되고
열차는 송정리역에 잠시 머무르고
낙엽 찬바람에 휘날리듯 조용히 내린다

반갑게 맞이해 주는 미소가
기다리지 않아도 그 사람이듯
그의 전부가 되는 가을
그의 포효 소리가 들리는 듯
가을비가 내린다.

기다리지 않아도 그 사람이다 11

당신의 언어는 빛이 되고 소금입니다
당신을 사랑하는 순간
세상의 모든 언어는 시가 되었습니다

시간을 거슬러 올라가기 싫고
시간을 역주행하는 것은 더 싫습니다

슬픔을 알았던 시간 속에서
웃는 법을 알게 해주고
아물지 않은 상처를 치유하는 법을
당신은 사랑하는 법이라고 말했습니다

된장찌개가 맛있다는 것을 새삼 느끼는 순간
가을 하늘에서 눈꽃이 날리고 있습니다

당신의 목소리는 발라드가 되고
당신의 눈빛은 시어가 되어서
당신은 나의 시집 속에서 선물입니다.

기다리지 않아도 그 사람이다 12

당신은 시인이 아니에요
나의 동화책 속에 나오는 어린 왕자입니다

당신은 시인이 아니에요
나의 카카오 뮤직에 흐르는 뮤직입니다

당신은 시인이 아니에요
한 여름 밤의 기적처럼 찾아온 남자입니다

당신은 시인이 아니에요
조금씩 가슴이 되어 주는 남자입니다.

기다리지 않아도 그 사람이다 13

버터 바른 듯 속삭이는
귀뚜라미 울음소리가 정겨운 것은
가을이 오기 때문이다

그녀의 발걸음이 가벼운 것은
이어폰 귀에 꽂고 듣는 노래가
가을바람에
찰랑거리는 탬버린 연주이다

내 생각은 그만하고
일에만 집중해

맛있게
먼저 식사해

다 보이잖아
네가 무엇을 하고 뭘 먹는지

걸음을 멈추고
널 조용히 생각해 볼게

천천히 다가가듯
천천히 지켜보듯

비밀의 방 안에서
아무도 모르는 세상 속에서
우리 이렇게
사랑이란 언어도 하지 말고
우리 이렇게
웃음 던진 미소가 사랑이듯
천천히 다가갈게.

기다리지 않아도 그 사람이다 14

사랑한다고 말하기엔 겁이 많은 여자예요
주변의 시선이나 장애물들이 놓여 있는데
눈을 뜨면 마음이 먼저 다가서 있고
눈을 뜨면 심장이 먼저 뛰고 있고
눈을 뜨면 가슴이 멎을 듯 아파요

사랑한다고 말하고 싶은데 입 밖으로 안 나오네요
앞으로 일어날 일들이 감당이 안 될까 봐
앞으로 더 사랑하고 집착하게 될까 봐
앞으로 매일매일 일분일초가 기다려질까 봐
앞으로 운명을 기대고 싶은 행복한 사람이
당신 이예요

눈 감아 봐요
모두가 잠들은 이 시간 말 할게요
사랑해요.

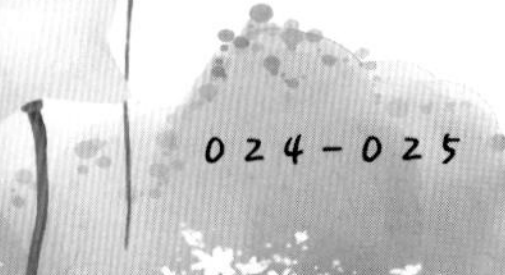

기다리지 않아도 그 사람이다 15

공간은 다른 곳에 있지만
마음은 천일홍을 피우는 자태
눈빛은 별빛 소곤거리듯 두근두근
셀카의 모습마저 닮은 그 누구
기다리지 않아도 그 사람이다

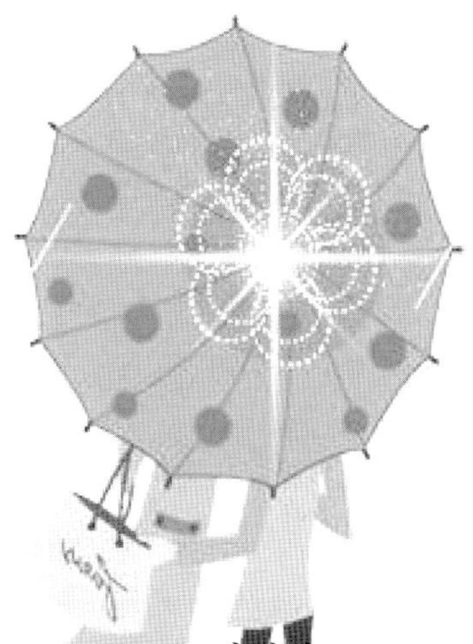

기다리지 않아도 그 사람이다 16

거짓말처럼 다가온 사람
거짓말처럼 놓치고 싶지 않은 사람
거짓말처럼 머릿속이 백지가 되어 버리고
좆도 안 되는 글만 쓰는 인생이
좆도 안 되는 앞만 보고 달리던 인생이
거짓말처럼 한 사람만 보이는데
미치도록 너무 아픈데
코딱지 콧물 질질 따던 눈물까지
달달한 커피처럼 맛있었지
거짓말처럼 너 한 사람을 사랑하게 될 줄 몰랐어
거짓말처럼 너만을 위해 부르고 싶은 노래
유해준의 "나에게 그대만이" 흐르는 쓸쓸한 가을 밤
하얀 눈송이라도 내릴 듯 옥탑 방 너머로
별들이 하나 둘 적막을 깨우듯 비추면
너에게로 가고 있다는 것을 너는 모를 거야
거짓말처럼 다가온 사랑 너 한 사람 사랑해.

기다리지 않아도 그 사람이다 17

내 고향은 충청도 대전 판암동

지금의 고향은
동대문 시장거리 장사꾼의 탈춤놀이
전태일 동상 한가운데
청계천이 흐른다

술 한 잔 얼큰하게 취한 날은
십각원을 그리듯
기다리지 않아도 무학의 몸짓으로
사랑이 되는 사람이 있습니다

시인의 속내마저, 허울마저
단풍이 지면
사랑도 철이 든다고 하는 그 사람.

InstaMag

2부.

남자의 가을 이야기

남자의 가을 이야기

커튼 사이로
스탠드의 불빛이 흐르고 있다
마흔여섯의 인생도 흐르고 있다

내 모습은
어느 시절 가을 속에 묻어 두고
하얀 겨울
혼자 걷는 법을 터득했다

작품을 집필하는
외롭고 쓸쓸한 시간이 아니라
작품 안에서 내면의 아픔을 토해 내는
그 시간이 참 시인의 길로 걷는
그 자리임을 알고 있다

오늘은 썬그라스를 쓰고 웃지만
그 속엔
아비로서 눈물로 더 가득 차고
아빠 엄마의 손을 잡고 여행도 가고 싶을 텐데
오늘도 문자 한 통이 왔다
아빠 사랑해 힘내시고 연수가 있잖아요

QR코드 강전영시인 낭독영상

우주별 소행성 밴드에는
진정 사람의 진솔한 향기를 아는 사람만
하나 둘 모이는데
그들에게 더 많은 사랑과 관심을 주고 싶은데
늘 하나 더 못해 주어 미안할 뿐이다

눈 내리는 겨울이 오면
정처 없이 단, 하루만이라도 좋으니
겨울 바다가 보이는
찻집으로 길을 나서고 싶다.

남자의 가을 이야기_강전영

가을 첫사랑

긴 머리를 쇼컷으로 하던 날
비가 내리었지

풋사과 시큼한 맛이
너에게 조심스레 다가가는 시간인데
눈물은 시월의 G단조

전철 안에서
우연히 널 만나는 시간은 동화 속 산책
전철이 빛고을로 간다면
상무지구 네온사인 복사꽃 되어 피겠지

박자를 맞추어 봐
눈빛 피하지 마

팔베개 베고 잠들 듯
바이올린 선율에 레드 와인.

가을 축제

축제가 시작되었다

화려한 불빛
쏟아지는 네온사인 속에서
밤을 걷는 타인의 방황처럼

벌거벗은 육신
벌거벗은 영혼

축제가 시작되었다

거침없는 야성 속에서
숨길 수 없는 본능
밤을 걷는 애증의 그림자

벌거벗은 허와 실
벌거벗은 거울.

당신은 나의 아버지

당신의 식도를
대신할 수 있다면
등신불이 되어 드리고 싶습니다

당신의 대장을
대신할 수 있다면
등신불이 되어 드리고 싶습니다

나는 괜찮으니
나는 아직 살아갈 날이 많으니
당신을 위해
가진 것 헌신하듯 드리오니
46 체중이 아니라 큰 바위가 되어 주세요

당신은
나의 아버지
그 힘들다는 수술을 두 번씩이나 받으시고
아무 일도 없다는 듯 웃으시는
당신은 나의 아버지
사랑합니다.

보고픈 어머니

내 고향은 전라도 영광

손톱에 봉숭아물 들이고
이유 없이
하루 종일 울던 날
딸아이도 덩달아 울었다

내 이름은 전라도 아낙

노래방에서 장단 맞추어 노래 부르던 날
나의 흥겨운 목소리는
땀으로 젖어버린 어머니의 숨소리처럼
딸아이도 덩달아 울었다.

가을도 겨울도 아닌, 사람이 그리워

소주를 링거 맞는다는 송종섭 시인
치킨 격하게 땡 긴다는 윤지영
단, 하루만이라도 마음 편히 쉬고 싶다는
김미경 시인의 푸념이 삶의 바람을 붙잡고 있다

중국 출장길에 공항 담배 두 보루
그 만의 애한이 긴 한숨 속에 담배 연기마저
강인철의 걸어온 힘든 무게이었을 거다

양평에 오면 돌 위에 삼겹살을 구워주고
밤새워 소주에 샤워하고 싶다던 김태성 형님
카리스마 속에 숨겨진
잔잔한 미소가 낙엽으로 떨어지듯
만나기 전부터 술에 취하는 것은 사랑이다

잠은 먼 세상의 이야기
잠은 겨울 처마 담쟁이 이야기
영76 울산의 하지 못한 이야기

우주별 소행성의 새벽은 가을이지만
어린 왕자의 새벽은 눈 오는 02시 09분
산타 할아버지 오실까
양말을 걸어 놓고 창밖을 보니 고드름이 얼고 있다.

거리에서

거리에 나가면 다 같은 사람의 얼굴이다
거리에 나가면 다 같은 사람의 사연이다
거리에 나가면 다 같은 바보의 언어가 되는
가을이고 겨울로 접어드는 낙조의 그리움이다

거리에서 사람을 만나면 사슴 같은 모습이고
거리에서 사람을 만나면 한 번은 만났을 인연이고
거리에서 사람을 만나면 괜 시리
눈물이 날 것 같아서
낙엽 쌓인 거리를 거닐다 보면 눈이 내리고 있다.

구월의 노래

아무 이유 없이 눈물이 흐르면 가을이다
꽃불처럼 비가 내리면 가을이다

찬바람 소리에 어디론가 떠나면 가을이다

담배를 펴도 핀 것 같지가 않고
술을 마셔도 마신 것 같지가 않고
멍하니 하늘만 바라보면 가을이다

옛 추억을 더듬듯 흘러간 사진을 바라보면
중년이란 이름 밖에 없는 현실이 가을이다

처음이란 이름이 끝이 되는 처음이 가을이듯
구월의 노래는 옥탑 방에도 울려 퍼진다.

구월의 사랑

손가락 마디마디마다
당신의 숨결이 심장 박동처럼 뛰고

차마, 말할 수 없는
하루의 긴 시간이 보고픔이라면
소국 향기로 피고 싶은 구월

보고 싶다는 말 사치가 될까
사랑한다는 말 갈바람에 보낼까 두렵고
이 새벽만은 간절한 절규로 고백하오니
푸른 물결 푸른 바다가 되어
너의 눈동자 속에 내가 되고 싶어

하늘 도화지가 있다면
너의 모습만 그리고 싶고
너만을 사랑해.

그래도, 사랑합니다

당신이 나를 사랑하지 않아도 아픔입니다
내가 당신을 사랑하지 않아도 아픔입니다

길 잃은 세월 속에서 만나서 아픔입니다
국도가 아니면 고속도로에서 만나도 아픔입니다

오늘은 나를 만나서 당신이 더 아픔입니다
오늘은 당신이 나를 만나서 더 아픔입니다.

그렇게 살라한다

오늘도 그렇게 살라한다
버림 안에서
모든 것을 용서하듯 살라한다

오늘도 그렇게 살라한다
죄인의 마음 안에서
모든 것을 용서 빌 듯 살라한다

오늘도 그렇게 살라한다
시인이기 이전에
애비의 마음으로 살라한다

오늘도 그렇게 살라한다
시인이기 이전에
오간수다리 안에서 외로운 술을 마시듯
홀로 그렇게 살라한다

오늘도 그렇게 살라한다
시인이기 이전에
옥탑 방 삶 속에서, 원룸 삶 속에서
처음의 그 모습으로 살라한다.

그리워서

빛고을 맑은 빛 타오르거든
홀로 태우는 빛

쓰다 말은 편지라면
태우고 태워서
무등산 능선에 가을비 내리듯

외로운 소쩍새
남도의 긴 밤을 노래하리라.

꽃상여·1

새벽 닭 울기 전에 가실 거면
애써, 인연도 만들지 마시고
먼발치에서 돌아보실 거면 방울 소리는 그만

더 높게 날지도 마시고
낮은 걸음으로 걷지도 마시고
간밤에 꾸었던 꿈처럼 꽃상여 타고 가소서

사바세계의 그 허탈한 웃음
달빛 타고 보내 드리오니
풍경 소리에 약속도 하지 마시고

우리 사는 세상 잠시, 왔다가는 소나기 같은 것을
우린 우리라는 이름으로 만났을 뿐
경포대 바다에 눈 내리거든 꽃상여 타고 가리라.

남자의 가을 이야기_강전영

꽃상여·2

무딘 감각의 세월
아로새기니
찬바람만 옷깃을 여미는
십각원 속에 물안개 가득 빛나고

속세의 덧없는 인연
대금 소리에 빗방울 떨어지니
상여꾼의 목청 바다가 되고
바다로 가라 하니
장맛비 그칠 생각을 안 한다

손금마저 거칠어진 세상 웃자 하니
어제가 청춘이고
오늘이 제삿날이니 패랭이꽃은
언제 다시 볼 수 있으려나.

꽃상여·3

가자 가자하니
여기가 내 집이고
여기가 내 납골당이니
오늘은 어디에 뿌려질까

가자 가자하니
여기가 처음인데
여기가 마지막인데
오늘은 어디에 뿌려질까

가자 가자하니
여기가 여우비 내리는 곳
여기가 여우 무덤인 것을
오늘은 어디에 뿌려질까.

남자가 향기를 잃어버릴 때

한적한 여름날
며느리가 엉덩이를 까고
패랭이꽃을 피웠지

시아버지는
개 오줌만 사이다처럼 마시니
어찌하면 좋을까요

귀뚜라미도 울지 않는 가을

초심을 잃어버린 외로운 남자
향기마저
중성인자로 사위가 섹시하다고 한다.

달빛에 못다 마신 술

바람 잠드니 모기가
나의 공허함을 해탈로 가는 법문

쥐어 꼬집고 보아도
한대 패보아도

보고픈 임 사랑에 그리워 피는 꽃은
젠장 할
청와대 여사님과 밀어를 즐기는 밤

에이 씨 불알
옥황상제한테 전화를 하니
너 아니라고 끊으라고 염장을 지른다

오늘 고마워요
이 목소리 들어 줘서.

빈 노트

빈 노트에 그림을
빈 노크에 낙서를
빈 노트에 추억을
빈 노트에 이름들을 새기고
빈 노트에 돌아갈 집을
빈 노트에
더 채워야 하는데
더 채울 것이
당신 말고는 없습니다.

사랑은

사랑은 존중이고 존경하는 마음입니다
사랑은 나 자신을 먼저 사랑할 줄 알아야 합니다
사랑은 쌍꺼풀은 없어도 눈은 작아도
사랑하는 사람 앞에서는 썬그라스를 벗고 싶은
당신이 사랑이고 꽃이 되는 참 아름다운 봄비입니다
사랑은 눈에 다 보여 지는 것만이 아니라는 것을
해바라기는 오늘도 한곳만 바라보고 있습니다
사랑은 배려하는 마음이고 하심을 배우는 이치입니다.

아버지

허리도 아프실 텐데
눈도 침침하실 텐데

딸 생각에
거칠어진 손으로
나무를 직접 베고 벗기시는
아버지의 모습

땀방울일까
눈물이 섞여 비가 내리는 것일까

통나무 메고 오시는 모습에
해는 서산으로 기울고

아버지가 직접 달여 주시는
느릅나무 엑기스

아버지
우리 아버지
얼마나 아팠을까
눈물이 달이 되었어요.

어린 왕자가 되고픈 시인

시 쓰는 법을 잊은지 오래다
점점 잃어가고 있다

시인들은 홍수처럼 넘쳐나는 현실
독자들은 사이버에 물들어 버린 사각지대
다른 잣대의 작품 세계를 지향하듯
순수 문학을 추구하기엔 힘든 현실이지만

살아서도 죽어서도 시인으로서 살고 싶은
이놈의 시인은
외길 인생 속에 현실보단 이상을 꿈꾸는
어린 왕자이다

시 쓰는 법을 잊은지 오래다
사람과의 소통을 배우는 중이다.

어린 왕자의 인생

나의 통장은 늘 마이너스 인생
나의 집은 옥탑방이라는 별장
나의 일터는 우주별 소행성 소시민의 행성
나의 배짱은 없음 안에서 당당한 시인
나의 배품은 없음 안에서 사랑을 배우는 시인
나의 인생은 전철을 타고 뚜벅이 걸음 속에
붉은 장미와 사막 여우가 친구라네.

우리 딸이 좋아하는 것인데

냉동실에 치즈 케이크가 있지만 먹을 수가 없다
우리 딸이 잘 먹는 것인데

냉동실에 아이스크림이 있지만 먹을 수가 없다
우리 딸이 잘 먹은 것인데

우체국에 갔더니
"시인님 비타 500 드세요" 주는데 먹을 수가 없다
우리 딸이 잘 먹은 것인데

아빠가 담배를 끊으려는 이유는
술 마시는 것은 용서를 해도 담배 피우는 것은
용서 못한다는 딸

먹는 사진 자주 올리는 것은
아빠 이렇게 잘 먹고 있으니 걱정 말라고
"아빠, 잘 챙겨 먹고 지내고 있으니 마음이 놓여"

우리 조금만 더 참고 버티자
아빠하고 좋은 집은 아니라도
아빠하고 맛있는 반찬은 아니더라도
우리 부녀가 함께 사는 그날까지.

이 노래를 당신에게

어떡하면 좋을까요
내 심장이 당신을 원하는데

어떡하면 좋을까요
내 가슴이 당신을 원하는데

어떡하면 좋을까요
내 두 눈이 당신을 원하는데

어떡하면 좋을까요
내 영혼이 당신을 원하는데

너무 아파서
미치도록 아파서
천둥소리가 되어버린 이 노래를
어쩌면 좋아요.

중년의 가을 소나타

앞만 보고 달리기만 했던 젊은 시절
그것이 최선이라는 생각이 전부이었고
뒤돌아보니 후회와 추억만이
물안개처럼 안개꽃을 피운다는 사실을

나는 그 자리인데
어느새 커버린 딸아이의 모습 속에서
중년의 절반을 넘어서니
가을 단풍이 붉게 물들고 있었다

주말이면 소리 없이
축의금에 부조금으로 빠져 나가는 소리
자식의 학자금 대출로 삐꺽거리고
전셋집 옮기는 날에는 때 아닌 비가 내리고
그래도 웃을 수 있는 것은
아빠 보고 싶어 문자 메시지에 아픈 것도 잊고
친구 집 근처인데 소주 한 잔 하자
선술집에서 부담 없이 주고받는 대화 속에
중년은 다시 시작하는 새 삶의 원동력이다.

특별 시민

아침에는 서울역 광장에서
구걸해서 마시는 막걸리 한 잔

담배꽁초 찾아와 보니
낙원상가 앞에서
마신 술이 식당 앞 쓰레기통
소주가 아니라, 오줌이었고

버려진 통기타로 부르는 노래
"첫사랑 그 소녀는 어디에서 나처럼 늙어갈까"
최백호의 노래가
낙엽을 뒤로하고 눈 내리는 겨울로 가듯

종로 거리에는
네온사인에 바바리코트 입은 신사

노숙자가
누군가의 버려진 옷을 입었나 보다

담배는 멋스럽지 않아도
술은 멋스럽지는 않아도
정치 공학하는 인간보다
잘 난 멋에 사는 특별 시민이다.

처음과 끝

처음과 끝에는 여자가 있다

가장 높은 곳을 향해 올라갈 적에도
가장 밑바닥 생활을 전전할 적에도

처음과 끝에는 여자가 있다.

남자의 가을 이야기_강전영

우주별 소행성
어린왕자
Insta

3부.

그리움 담은 별 하나 당신

그리움 담은 별 하나 당신

그림을 그리고 싶은데 원만 그리고 말았습니다
당신의 모습을 그릴 줄만 알았지
심장소리 가슴에 고인 눈물 그릴 생각을 못했던
우수에 젖은 가을 빗소리

멋 내지 않아도 자연스런 모습이 아름다워 보이고
화사한 꽃처럼 화장하지 않아도 아름다워 보이고
까칠한 듯 도발적인 성격의 당신이지만
여린 듯 눈물이 고일 듯 미소 짓는 모습을 보았습니다

하늘의 푸르른 별들 사이에서 잠들고 있을 당신
오늘은 어찌 지냈는지
오늘은 움직일 수 없는 등대가 되어 지켜주고
내일은 오늘보다 더 뜨거운 손을 잡아 주리라.

그 사람 썬그라스

쿵 짝 쿵 짝
요리조리 흔들며 바라보고픈 사람
손가락 둘이 마주 잡은 손
얼굴은 홍조개로 붉어지는 사람

지프 라이터 찰칵 찰칵 소리에
눈빛은 LTE로 뜨겁게 타오르는 마음
비오는 날 치맥에 엉덩이 댄스 춘다면
함박웃음에 썬그라스 속 작은 눈동자
원빈보다 더 빛나게 윙크해 줄게

흔들리는 마음 숨기고 싶지만
흔들리는 마음 달아나고 싶지만

쿵 짝 쿵 짝
소름끼치도록 바보가 되어가는 사람

내 마음의 와이파이프가 터지는 곳은
내 마음의 각인된 썬그라스 남자.

국가대표

을지로에서 격한 감동보다
더 격한 선수로 살아가는
내 이름은 국가대표이다

지영이라는 이름은 많아도
내 이름은
영 그 이름 하나로 달리기 선수이다

누구를 만나도
격한 반가움으로 인사하듯
구포국수 국가대표이다.

낯선 외로움

몸서리 칠만큼 도망치고 싶었는데
다시, 그 자리

가을은 너무 짧고
겨울은 왜 이리 길은지
0번지 포차의
새벽은 눈부신 잔속에 흐르는 그리움
안부조차 물을 수 없는
찬란한 시절에
미안한 너라고 말조차 못한다

외로움의 불빛들이 모인 이방인들의 고향
거기에 내가 있다.

Love Love

늦잠꾸러기 구름은 실룩실룩 거리며
눈을 마주치자고 하네

커피 마시고 산책을 하고
멋대로 생긴 빵을 사가는
내 이름은 빵순이

눌러 쓴 모자
헤드셋에서 흐르는 Love Love
황홀한 느낌 어지러운 느낌

지금 네게로 한걸음 다가서는
지금이 사랑인거야.

8월의 휴가

한바탕 비라도 쏟아지면
8월의 마지막도 가겠지

서울 생활 낯설지 않은
이방인의 일기처럼
영원한 것은 없지만
시절인연마저 감사합니다

조금은 웃을 수 있었고
조금은 울을 수 있었고

서울 생활 낯설지 않은
8월의 휴가 가는 길
저녁놀 진 바닷가라면
우리 동행해요.

낚시

낚시를 하고 있다
찌는 없이 물빛만 타고
그리움을 낚고 있다

낚시를 하고 있다
먹이도 없이 그림자에 반사된
나를 낚고 있다

낚시를 하고 있다
땅거미가 지도록 부르고 싶은 이름
사랑한다고 너를 낚고 있다.

네가 없는 세상에

너의 눈과 옷은 누더기 모습
너의 생각은 삼각형

너의 모습은 복날에 개 짖는 소리
그래도 네가 좋다

너의 잔잔한 미소는 슬픈 목련
널 안고서 잠들고 싶은 밤

비는
오지 않고

일 년하고도 삼백 육십오일
순백의 눈만 미련하게 내리었다.

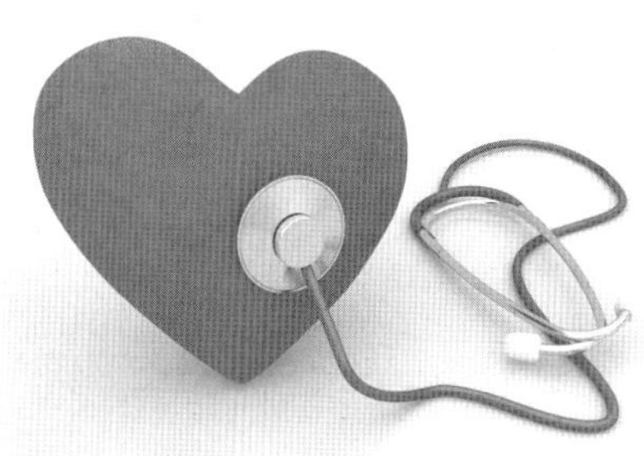

그리움 담은 별 하나 당신_강전영

동대문시장

동대문의 밤은 25시보다 더 가슴 시린데
나의 밤은
목말라하는 빨랫줄의 담요보다 갈증이 난다

전철 6호선은 돌곶이역서 느린 걸음이 되고
동묘역에 도착해서 시장 주변을 거닐 때는
흐르는 땀방울이 장맛비보다 더 맛있다.

망각

가는 버스 노선도 잊었습니다
연락처는 기억이 날 듯 말듯 합니다
얼굴은 기억이 가물가물 거려요
뭘 좋아했는지 애써, 기억하지 않으렵니다.

누가 보면 어때, 키스 할래요

맥주 거품보다 더 취하는 것은
키스하고픈 당신

달콤한 아이스크림처럼 부드럽게 녹여 줄게요
혀 키스로 귀 볼도 목젖도
당신의 눈동자에 웃음 먼저 나오는 것
어쩌면 좋아요
발가락도 간지럽게 살살 키스하고픈 당신

한걸음 뒤로 가서 숨바꼭질 하듯
허리 감싸 안으며
사랑한다고 사랑해요 이말 한마디
잊지 못할 키스로
당신의 포로가 되고픈 썬그라스의 남자가

나예요
비밀스럽게 싫어요
누가 보면 어때요
길거리 한복판도 전철 안에서도
에스컬레이터에서도 당당히 키스하고픈 당신

오늘도 내일도
키스 러브스토리로 첫 눈이 내립니다.

그리움 담은 별 하나 당신_강전영

못생기었거든요

그 얼굴에 여자 있을까요
못생기었거든요 시인님

정신 나가진 않고서는
여자 있을 것 같지 않아요

에이 씨
은근히 좋다는 여자들 겁나 많거든

시인님 재수 없고 좆나 별로예요
좆나 시인이라는 인간 별로라고요

에이 씨
은근히 인기 많은 남자야
어쩌라고 에이 씨.

몽중애

홍역을 앓고 있었다
이무기가 인간이 되려는 마음의 벽으로
아파하는 가슴

새벽 종소리 파도가 되는데
꿈조차 말할 수 없는 상여 소리라면
내가 더 아파할게요

물결 위에 그려진 그림이라면
소용돌이치고 박수무당 굿에 울던
그 눈물 거두어 가소서

너무 쉽게 불어온 바람이라면 용서하세요
읽다 잠든 시집의 한 페이지
내가 더 아파할게요.

무명

무명의 옷을 입고
무명의 이름을 벗어 버리자

올드 하게 달리는 을지로
달리기는 국가 대표
무명의 이름은 공릉동 철 길

무명의 심정으로 외치는 말
으그 으그
"우리 엄마, 국가 대표 맞아요"

무명의 격한 삶을 사는
당신은 아름답습니다.

미완성 각본

또, 다른 나의 모습
또, 다른 타인의 별

가면을 쓰고
카멜레온처럼 다가오는 모습

노련한 남자의 모습
가여운 남자의 모습

새벽에 걸려온 전화
오늘도 부재중.

바람 나그네

북적한 도시의 한복판에서
소주에 취해 비틀거리며
헝클어진 머리 망가진 썬그라스
골목 안을 들어서니
초상집 전등이 반짝반짝 눈에 들어오고
진흙탕 속 세상
인생이 드라마이고
추수 끝나면 바람나그네.

밤비

밤비야 내려라
가을 묻어
나도 가게 내려라

추수가 끝날 무렵
하나 둘 떠나는 인연처럼
나도 가게 내려라

낯선 거리에 비가 내리듯
술잔은 비워진 청춘의 고뇌
시인은 가을 속으로 떠난다.

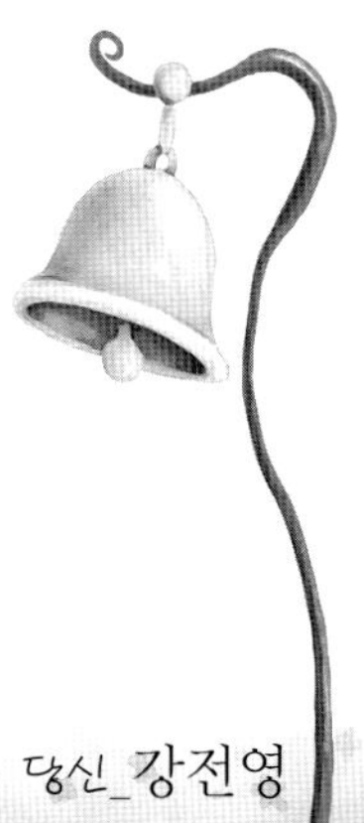

벌교 꼬막

벌교 고을에 가면 삼정승도 울고 가는
고운 처자가 있습니다

그 속살이 너무 고와서 옷고름도 풀 수가 없네요
그 속살이 숫처녀의 한 달에 한번 찾아오는
좋은 느낌처럼 너무 아프고
신음 소리가 귓전에 떠나지 않아

갖은 양념으로 유혹하고
눈빛까지 줘 봐도 튕기는 모습에
너는 속삭이지
바람 부는 날 아무도 모르게 너만 가질 수 있는
나라는 여자라고
쉿, 조용히 해 천천히 불도 끄고
그 맛을 느껴봐
홍콩 가는 느낌일거야
비아그라보다 더 짜릿 할거야

숨을 고르며 구석구석 애무하듯
입안에서 너를 느끼며 사랑해줄게.

사과

사과나무에는 수많은 사과 열매들이 있다
풋사과, 곪아 터진 사과, 벌레 먹은 사과

그 어떤 사과라도 맛과 당도는 다르다
그것은 사람의 내면의 모습일 수도 있다

이 가을 첫 느낌으로 다가오는 사과는
태풍을 이겨내고 풍파 속에 열매를 달고 있는
그 뿌리 깊은 곳에는 사랑이 있다

예쁜 사과 원없이 먹고 싶은 가을 어스름한 저녁
노을은 번져가고 기억하고 싶은
사람들의 모습 속에서
사과나무는 말을 하지
아침마다 나를 당신의 작은 입으로 익사시켜줘.

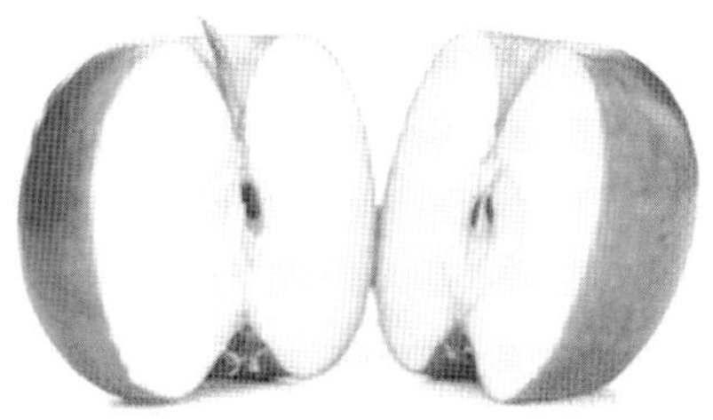

사랑의 cctv

너는
반경 150미터 안에서 지켜보고 있는
cctv

나는
반경 150미터 안에서 움직일 수 없는
사랑의 세레나데

너는
반경 150미터 안에서 둘리 춤을 추고 있는
나만의 어린 왕자

나는
반경 150미터 안에서 사랑해요 당신 믿어요
사랑의 cctv.

사막 여우

우주별이 어떤 곳인지
어린 왕자와 사막 여우가 있는지
정말 알 수는 없지만

사막 여우가
당신이라면 복사꽃 피우듯
가슴에 안고 한없이 울 텐데

가을비 내리는 우주별이라면
우산이라도 되어 주고
우산이 없다면
은행잎으로 우산이 되어 주고픈

당신은
내 마음의 사막여우.

삼겹살

보고 싶어 눈물이 흐르는데
입술 깨물고 그립다는 말을 하고 싶은데
얄미운지 그 맛이 기억이 안나

비오는 날
눈 내리는 그런 날
실컷 혼자 울고 싶은 날
그런 너를
한번 뒤집고 두 번 뒤집고 세 번 뒤집어야
너의 몸매가 섹시하게 느껴지는 거잖아

순결한 몸짓을 처음으로 탐하던 순간
상추 위에 가녀린 몸매가 소국 향으로 피고
마늘에 쌈장을 립스틱 바르듯 얹으면
넌 부끄러워 눈을 감아 버리었지
미안해 정말 미안해
참았던 욕정을 못 참고 너를 눈 딱 감고 먹어서
미안해 정말 미안해

너는 마지막 숨을 거두면서도
사랑 한만큼 알코올을 목젖까지 소독하라고
유언을 남기었던 그 슬픔만큼

다시 널 만나 사랑한다 해도
그 느낌 그 맛 잊을 수 없을 거야.

속죄

손을 놓았는데
화상에 입은 상처는 어이 할까

또, 손을 잡았는데
화상에 입은 상처 벌 받는 장맛비

오늘 다시 태어나니
등신불이 되어 하얀 장미가 되리.

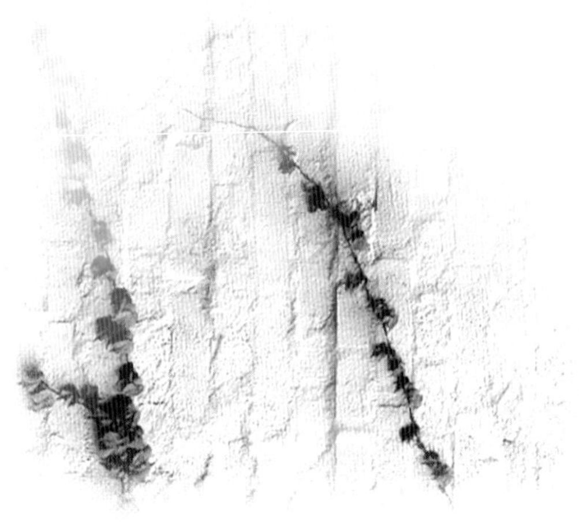

술잔에

술잔에
너의 입술을 타서 마시면
레드 와인이 되고

술잔에
너의 눈빛을 타서 마시면
달달한 커피가 되고

술잔에
너의 목소리를 타서 마시면
홍차의 향처럼 깊어지고

술잔에
너의 향기를 타서 마시면
사막 여우의 마음을 느낄 수 있어.

시절인연

시절인연은
때늦은 가을날 내리는 소나기

시절인연은
때늦은 겨울날 내리는 함박눈

시절인연은
때늦은 여름날 감기 몸살을 앓는 것

시절인연은
때늦은 봄에 사랑 고백하듯 다가오는 것

시절인연은
나 보다 타인의 허물이 더 커 보이는 것

시절인연은
피해의식을 술주정처럼 나 이런 사람 아냐

시절인연은
우주별의 미아보호소 길 잃은 어린 사막여우.

악몽

욕실의 바가지는
물개처럼 수영을 하고
아기 고양이의 울음소리가
설움을 토하듯 우는 밤.

애비

어둠 속에서
홀로 울고 있는 외기러기

가슴 한구석에
슬픔을 감추고 살아야 하는
가을
가을이 싫다

먼동이 트면 아무일 없듯
아등바등 살지만
버티는 힘 하나 있다면
아비로서 못 다한 말들

오늘은
하얀 눈이 되어 내린다.

어쩌라고

마음도 하나
바라보는 눈도 하나
별도 하나

수없이 아니라고 말을 하는데
원망스러울 정도로
사랑하는데 어쩌라고
정말, 어쩌라고

들리지도 않아
보이지도 않아
너만 보이는데.

어쩌면 좋아

하루 종일 계산기로 두드려 봐도
당신의 마음이 하늘 정원인지
당신의 마음이 바다 연못인지
눈 뜨면 보고 싶은 얼굴
코스모스 닮은
가을 하늘 우체국 앞에서 기다릴게

마우스로 그림을 그릴 수 있다면
사라지지 않는 무한한 감동의 웃음을
마우스로 마음을 그릴 수 있다면
종이학에 아이러브 써서 하늘로 날려 보내고
종이배에 아이러브 써서 바다로 띄워 보내고
입술에 달달한 커피 향처럼 묻어나는
그 마음 당신입니다.

여자의 사랑

꼭이라는 말하면 안돼요
지킬 수 없는 약속이니까

다음이라는 말하면 안돼요
지킬 수 없는 약속이니까

비밀스러운 사랑을 하듯
지킬 수 있는
어깨에게 기대고 싶은 여자입니다

남자가 피는 담배는 공허이지만
여자가 피는 담배는 슬픔이기에
어깨에게 기대고 싶은 여자입니다

미치도록 사랑하고픈 날
하얀 눈발이 날리고 있습니다.

옥탑방 재벌

남루한 인생의 주름살만 묻어가는 가을
스탠드 조명 불빛 아래
흐르는 음악 흐르는 영상

한강 유람선
남산 타워의 불빛은 빛나고
귀뚜라미 울음소리는
옛사랑을 노래하듯 깊어가는
가을밤

낯선 서울 하늘
낯선 서울 땅에서

어린 왕자 컬렉션은 마이너스 지출
그래도 웃으며 본다
애써 눈물을 감추며 웃어 본다

가진 것은 사람이 좋아 인복을 타고 났으며
신은 공평하게 능력을 주었는지
금전 복은 없는 대신에 글 쓰는 재주를 주시었으니
재벌도 부럽지 않고 로또 당첨도 부럽지 않소이다

옥탑방 찌든 가난이라도
나름대로 먹방의 달인이고
나름대로 셀카의 달인이니
제 잘난 멋에 사는
우주별 소행성 어린 왕자가 재벌
강전영 시인입니다.

그리움 담은 별 하나 당신_강전영

위기의 여자

천 이백만을 사기 당했다고 하는 어느 여자
오늘 또, 오십 만원을 사기당할 위기의 여자

먼지처럼 묻어 있는 슬픈 자국들이
위기의 여자
비틀거리는 몸 못이고 술에 취해
오바이트를 한다

하늘은 세상에 없는 그림자로 보이고
입에선 욕만 살아서 꿈틀거리는데
눈을 보면 금방이라도 울 것 같은 그 눈망울이
너무 아파 보여서 키스를 했던 거야

다시는 그런 일 없을 거라고
위기의 여자 곁으로 가고 있다
내가……

이별

잠을 잔다
숨바꼭질 하듯
또, 잠을 잔다.

죽여 버리고 싶은 남자

시인이 아니어도 괜찮은 남자
못생기고 음치 박치어도 괜찮은 남자
지란지교를 꿈꾸듯 다가온 남자
한걸음 늦게 걸어도 괜찮은 남자
담배 피우는 모습이 유난히 멋있게 보이는 남자
뻥 뚫린 가슴을 한물간 유머로 채워도 좋은 남자
생뚱맞아도 은근히 끌림이 있는 멋진 남자

딴 년 보면 죽여 버리고 싶은
이 남자 사랑하고 싶습니다.

컬러링

나의 컬러링은
못다 쓴 일기의 한 페이지

나의 컬러링은
사랑과 이별이 공존

나의 컬러링은
눈물로 피는 하얀 수선화

나의 컬러링은
기다려도 오지 않는 기다림

나의 컬러링은
빈 잔에 채워지는 슬픔.

코마

간밤에 패랭이 꽃 피었지
새벽에 남몰래 와서 꽃 피웠지
슬픔을 피우면 꽃이 필지도 몰라
안개 낀 거리를 걸으면
코마 현상에 걸릴 줄 알았는데
과거에도, 코마 현상이었던 거야.

쿵

이래도 쿵
저래도 쿵

그럴 수 있다면
그러고 싶다

이래도 쿵
저래도 쿵

그럴 수 없음에
일장춘몽 꿈 불패더라.

그리움 담은 별 하나 당신_강전영

품명, 년 식, 원산지

품명, 년 식, 원산지는
대한민국입니다

대한민국 속에서도
우주별 소행성을 꿈꾸는
어린 왕자가 사는 곳은
서울 성북구 석관동 옥탑방입니다

품명은 썬그라스 맨
년 식은 1970년
원산지는 겨울비 내리는 바다

동대문에서 우주별을 만들고
네이버 밴드 속에서
소행성 사람들의 내음을 갈구하는
어린 왕자는 사막 여우와 함께
모닥불 피우며 갈 빛 하모니카를 부니
그리움은 밤마다 부엉새가 된다.

폐활량

아주 오래전 기억은 아니었으리라
장맛비가 그친 오후
일곱 빛 무지개 번뇌의 가슴인 것을

아주 오래전 기억은 아니었으리라
창문 틈 사이로 들려오는 소리
시간을 거듭나서 만나고픈 사람
따뜻한 숨소리도 멈추던 새벽녘

오늘은
나의 폐활량이 평소보다 조금 더 숨이 차다.

회상

겨우내 가지 잃은 어린 생명의 탯줄인데
장맛비에 젖은 숙명

이십 년이 지난 지금
새벽은 거미줄 사이로 모성애로 피는 봄

천안역 어느 족발 집에서
친구와 마시는 소주 다섯 병 취하지 않고

나는
그의 눈을 바라볼 수가 없는 야인

소주병이 나뒹구는 새벽
어두운 구석에서 부르는 이름 하나 있으니
빛이 살아가라.

회향

전생에서 우리 만난 적 있나요

다음 생애
우리 만나는 인연인가요

묻지도 말아줘요
티브이에서 나오는 단역 배우인 것을

모지사바야 뜻 모를 염불만 외워지니
석가모니불 뜻 모를 열불만 외워지니

백팔 염주 목에 걸고 돌아가리라.

태양열 속의 심장

옥상에 태양열을 설치하던 날
봄 아지랑이가
당신을 나의 연인으로 만들어 주었습니다

옥상에 태양열을 설치하던 날
한여름 무더위도 수박화채가 되듯
당신의 사랑에 기다리지 않아도
여름은 그냥, 여름이 아니라 사랑이었습니다

옥상에 태양열을 설치하던 날
가을비는 단순히 내리는 것이 아니라
추수를 끝난 값진 열매의 보답이었습니다

옥상에 태양열을 설치하던 날
옥상에 고드름마저 보석이 되어 빛나듯
당신은 눈꽃이 되어 집 안을 장식하고
그런 당신을 보며 예쁜 글 밥을 지을 게요.

호텔 캘리포니아

캘리포니아는 가본 적이 꿈에도 없어
캘리포니아 건포도만 먹었을 뿐

캘리포니아는 가본 적이 꿈에도 없어
호텔이 어디에 붙어 있는지도 몰라
도심 속 어둠을 헤치듯 음습한 불빛
모텔 캘리포니아는 가보았지

캘리포니아는 가본 적이 꿈에도 없어
모텔 캘리포니아는 뜨끈한 물침대에 콘돔도 있었지만
지금 중요한 것은
내가 여기 왜 왔냐는 것이 중요할 뿐이야

캘리포니아는 가본 적이 꿈에도 없어
캘리포니아 모텔 708호 전세를 내고 들락거릴 뿐
연분홍 치마 봄바람에 출렁이듯
오늘 밤 잊지 못할 정사가
역사의 한 페이지를 장식한다.

旅

InstaMag Postcard

Believe in myself

4부.

독자들한테 사랑받는 낭송시

당신은 감동입니다

당신은 잔잔한 파도처럼 찾아온 감동입니다
당신은 우산 없이 찾아온 가을의 감동이고
빗방울처럼 톡톡 유리알 입맞춤하는 여인입니다

당신은 멋진 말하지 않아도 시詩가 되는 감동입니다
당신은 선술집에 홀로 마시는
쓸쓸한 모습마저 감동이고
담배 피는 모습마저 멋스러워 보이는 남자입니다

당신은 꽃을 피우지 않아도 꽃이 되는 감동입니다
당신은 달님이 되지 않아도 달님이 되는 감동입니다
시인이 아니어도 당신의 나의 감동이었고
시인의 여자가 아니었어도
당신은 나의 감동이었기에
내 가슴 녹여줄 수 있는 한 사람
당신입니다.

그대·1

그대 맘은
모두 시詩라서 좋겠어

초라한 자리 하나는
시어詩語가 꽃이 되는 사람

말만 해
내 맘에 다 적을 테니

저녁노을에 물들어 버린
그대 맘 장미의 화원처럼

내가 다 읽어 줄 테니
듣기만 해
내가 들려도 줄게.

-제6시집 **당신 곁에 있어서 행복합니다** 中에서-

당신 곁에 있어서 행복합니다_5

내 눈으로 쓰면 그리움마저 아프지 않게
노을 진 강변의 영이님
부르고 싶은 단 한 사람

내 감성으로 쓰면 세월 지나 다시 부르고 싶은
이름 하나 시인님
그러나, 가까이 갈 수 없는 현실

내 마음으로 쓰면 그대라는 사람
보기만 해도 애절해서
살아서는 연인이 될 수 없는 견우와 직녀

내 작은 무례함으로 불러도 용서가 된다면
자기야, 그 소리 한 번만이라도 부르고 싶고
웃는 얼굴 보고 싶고 만지고 싶다

더 다가오지 말고 이대로 머물러 달라는
세속의 인연마저 연꽃 되어 피어난다면
세발자전거 타고 어린아이가 되어 만납시다.

-제6시집 **당신 곁에 있어서 행복합니다** 中에서-

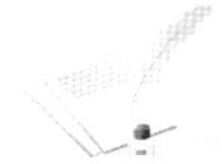

막걸리

막걸리에 안주가 있다면
바다를 백 원에 사서 먹으면 그만이다

막걸리에 안주가 있다면
추억을 백 원에 사서 먹으면 그만이다

막걸리에 안주가 있다면
링거 바늘을 백 원에 팔면 그만이다

막걸리에 안주가 있다면
꽃상여 백 원에 팔면 그만이다.

-제6시집 **당신 곁에 있어서 행복합니다** 中에서-

그런. 엄마가 있었으면 좋겠습니다

심장이 어디에 있는지 모르지만
가슴이 어디에 있는지 모르지만

서러운 마음 속삭이듯 부는 바람에도
자장가로 재워줄 수 있는
그런, 엄마가 있었으면 좋겠습니다

어디서나 흔히 먹을 수 있는 음식은 싫어요
어디서나 흔히 불러주는 사람을 싫어요

일생에 마지막이라도 좋으니
눈감고서도 해주는 음식에 여울지는 목소리
사랑하는 딸아! 불러주는
그런, 엄마가 있었으면 좋겠습니다

우리 딸 기침소리에도 엄마가 더 많이 아프게
우리 딸 모델보다 더 예쁜 옷을 입히고 싶은데

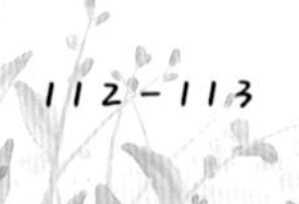

마주 보며 이야기할 수는 없어도
어두운 방 안 가득 채운 눈물 불빛이 창가에 흐르면
그런, 엄마가 있었으면 좋겠습니다

고슴도치도 제 자식은 예쁘다고 하는데
엄마의 손을 놓은 지 숯덩이가 되어버린 세월

사막에 떨어져도 살 수가 있으니 걱정 말라는 딸
방문 틈 사이로 하얀 눈이 내리면
그런, 엄마가 있었으면 좋겠습니다.

-제6시집 **당신 곁에 있어서 행복합니다** 中에서-

파도리 바닷가 이별

번지수도 파도에 휩쓸려 찾을 수 없지만
충남 태안군 파도리 바닷가에 가면
술주정뱅이 아빠의 손을 잡고 외로움 한 조각
바다새에게 주던 소녀를 만날 수 있을까 싶었는데
바다무덤 사이에게만 기어 다니고
소녀는 대구 성서 어느 공단에서
중년을 바라보는 굵직한 목소리 톤에 두 번의 이혼
원룸에는 침대와 냉장고, 세탁기, 컴퓨터,
라면 부스러기가 뒹굴고
담배 연기가 코를 찌르고 있었다
핏빛으로 비가 내린 봄날
목련은 피지 않았는데 노래방에서
도우미로 2차를 나가고
화대로 받은 돈 저승 갈 노잣돈 되려나
아니면 파도리 바다로 돌아갈 여비가 되려나
다시 돌아갈 곳은 파도리 바닷가라고 했던
그 소녀는
오늘도 한 잔 술에 고향에 돌아가면 언니가 있다고

엄마는 내 나이 다섯 살 무렵에
이웃집 이장 아저씨와 불륜을 저지르고
그 이후 소식 없는 이별의 나라에서
가끔 이메일을 보낸다고 말을 한다
내가 다시 파도리 바닷가 어느 집을 찾았을 시간
소녀는 유서 한 장 촛불처럼 거두어 가라고
나에게 사랑은 영원한 것이 아니라고
이별은 늘 참 다행인가
시인 아저씨 언젠가 당신도
먼 후일에 그렇게 이별을 준비하면서
오늘을 살아가겠지요
이제 두 번 다시는 바다를 사랑하지도
목련이 피는 비오는 바다에도 오지 마세요.

-제6시집 **당신 곁에 있어서 행복합니다** 中에서-

그녀

그녀는
황진희처럼 살고
허난설헌처럼 살고
스칼렛처럼 살았으며
루우살로메처럼도 살았다
그러나
그녀답게 살았다

그녀는
전혜린처럼 죽고
줄리엣처럼 죽고
버지니아 울프처럼 죽었으며
까미유 끌로델처럼도 죽었다
그러나
그녀이기에 죽었다.

–제5시집 **내 안에 나를 가둔 새는 날아가고** 中에서–

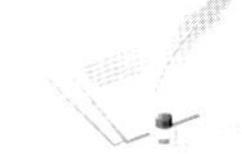

당신의 의미

과대평가 하지마세요
구름 위로 올려 보내지도 마세요
평범한 여자가 좋습니다

웃음의 의미를 아는
중년의 나이가 되면
걷는 걸음걸이도 틀려진다고 하죠
치~내가 미쳐요 너무 드러내지 마
가볍지 않은 그의 말투가
오늘은 겨울 속에서 설화가 된다.

–제5시집 **내 안에 나를 가둔 새는 날아가고** 中에서–

모자이크

세상에 박힌 너와 나의 웃음
제멋대로 생기고도
창 하나에 꼭 끼어 예쁘게 웃는
우리는 버림받지 않은 가치

잘난 너와 못난 나는
알록달록한 세상이 되었다

가장 보잘 것 없는 구석의
자리 하나를 메꾸어 주어
아름다운 그림을 만들었다

못난 나의 초라한 자리 하나는
내 몫의 삶이기에
여기에 나는 살고 있다.

–제2시집 **서로 바라보는 것만으로도** 中에서–

하늘에 부친 편지

지는 해 하늘을 본다
낮은 산 너머로 내 것을 모두 주고
돌아서 부는 바람은 떠나지 않는다
속에 품고 견디는 세월
보잘 것 없는 바램 하나
하늘 밑 낮은 산 너머
나무 숲 사이로 사랑 연가 한 소절 남기고 온다

사랑하는 사람아! 내 노래 간간히 들리면
잃어버린 시간 들춰 내
그 여름 계곡 물 따라 산보나 다녀오오

풀 묻은 바람 이마를 쓸어주면
또, 그렇게 생각 시어로 눈물짓다가
풀어진 가슴 편히 재우소서.

-제5시집 **내 안에 나를 가둔 새는 날아가고** 中에서-

강전영

강 물결 보이는 언덕에 하염없이 앉아 있었네
전부를 다 주어도 아깝지 않을 사람아
영원히 내 곁에 올 것 같지 않기에
그리움만 더 하네.

-제5시집 **내 안에 나를 가둔 새는 날아가고** 中에서-

원죄

발 동동 구르며
눈물도 많이 흘렸다
나로 인해
누군가가 아플까 봐
미리부터 울었다
내가 먼저 근심하여도
누군가는 울고 있다
살아 있는 죄로
살아가려는 본능으로
우리는 함께 운다.

-제3시집 **연애하는 남자** 中에서-

시인의 눈물

한 번의 사랑이 한 번의 기적이라면
르네상스 시대로 돌아가고 싶다

가난 때문에 헤어지는 운명은
비요일은 아니겠지

꿈 많은 젊은 시절
어느새 중년의 지나
갈잎 소리에 눈물을 흘린다

잠을 자고 일어나면 세상을 달라지겠지
하지만, 변한 것은 없다
고니 태풍에 설움마저 빗물로 내리었으면…

겨울새

애틋한 사랑은 아니어도
멀리서 바라보는
새 한 마리 날수가 없는 겨울

한강 물은 한숨도 쉬질 않는
뜬구름

가슴 아픈 새야
멍 뚫린 세월 가지마라

자명종 소리에
사랑의 기적이라도 생길까
첫 눈을 바라다보는 겨울.

가난한 영혼의 시인

외로움은 사치의 거울
성적인 욕구마저 사치가 되어 버린 세월
술 같이 마시자고 부르고 싶은 친구는
아내의 눈치와 자식들 눈치 보느라
이 밤 혼자 술 마시는 것이 익숙한 서울 생활

이 사람은 여자를 잘 만나고 작업도 잘할 것 같아
뭐라고 말 할까요 그냥, 그래요 할까요
하루하루 먹고 살기도 바쁘고
월요일 휴무 남들은 일할 시간
나는 마트에서 장을 보고
어느새 혼자 놀기의 달인의 되었고
어느 순간 살아온 인생이 친구가 되어 자위를 한다

내가 가진 것이 없어도 더 주고 싶은 마음인데
이 사람은 장사를 하는 시인이니까 부자인가 봐
통장에 늘 마이너스 인생이고 마음만 부자이기에
퍼주기 좋아하는 가시나무 시인이다

서울 생활 너무 힘들고 각박해서 사업을 시작했고
사람의 냄새가 그리워 카카오 스토리 상처로

네이버 밴드 친구가 그리워 상처를 거듭나고
그래도 가슴이 멍 들어도 퍼주고 싶은 시인이다

상업성 작가의 삶 그런 시인의 삶
사이버 시인보다는 인간적인 삶의 모습으로
살아가는 시인으로 살다가
비오는 바다에서 죽어 버린 영혼마저
묻히고 싶다.

창가에서 혼자 부르는 노래

창가에서 혼자 부르는 노래
멀리서라도 간간히 들리거든
내 이름 석 자 기억해주오

창가에서 혼자 부르는 노래
그리움은 하모니카 연주라면
그대와 함께 가는 길

창가에서 혼자 부르는 노래
샤워하다가 흐르는 눈물처럼
내 이름 석 자 기억해주오

창가에서 혼자 부르는 노래
아득히 먼 길을 걸어가는 바람처럼
그대와 함께 가는 길.

자서

나의 작품은 야인野人의 삶이었고
겨울 바다에 비가 내리듯
폭풍한설暴風寒雪 속에서
하얀 목련을 피우는 마음이었습니다

살아서도 죽어서도 할 줄 아는 것이라고는
시인으로서 시의 밥을 먹고사는
바보스런 시인이기에 그것이, 행복이고 축복이기에
오늘도 외길 인생을 걷고 있습니다

사람이 너무 그리워
다 주고 싶은 마음 더 그리워
사람의 그 냄새에 취해
마시는 술이 아픔이고 슬픔이었습니다

기다리지 않아도 그 사람이다
중견 시인으로서 열 번째 시집을 출간하면서
깊은 참회와 용서를
사랑하는 딸에게 애비의 마음으로 전합니다.

-2015년 10월 서울 성북구 석관동 옥탑 방에서-

장사꾼 글쟁이의 초상화

동대문 밀리오레 6층 177_ 178호
모자, 인형, 우산, 티셔츠
자고 일어나면 출근을
의자에 앉아 졸다가 퇴근을 하지만
그 시간이 서울 드림을 가지는 시간

사업 수단이나 고객을 끄는 삐끼 노릇은 제로
퍼주는 마음은 100%
사업가이지만
내 직업은 시인도 아니고, 글쟁이로 사는
낯설은 한양 땅에 뿌린 남자입니다

주변 친구도
가족이나 형제들 도움도 없이 혼자 일어서야 하는
현실 안에서 적자에 빚은 늘어 가지만
모자 신상으로 인형 신상으로 진열할 적마다
물건보다는
별을 파는 마음으로 동대문의 밤을

정모나 번개 모임 수 없이 가고 싶고
사람들 만나서 소통도 하고 싶어도

그럴 수 없는 현실 오늘의 즐거움보다는
밑바닥부터
죽을 만큼 힘들게 살아가는 현실 안에서
대전 촌놈이
한양 고을에 터를 잡고 사는 남자입니다

거래처 갈 적에 오늘은 당당히
거래처 갈 적에 오늘은 빈티에 욕도 바가지

글만 쓰고서는 살 수가 없는 현실
투자한 만큼
투자한 만큼 걷어 들이듯
그만한 현실도 안 되지만
할 수 있을 거야
자신을 위로하듯

나는
자유로운 영혼이다.

추석이 조금 늦게 왔으면

오늘은 약 한 봉지 주머니에 넣고
오늘은 소주 한 병 주머니에 넣고
오늘은 구깃구깃 담배꽁초 주머니에 넣고
삶은 이렇게 추억으로 가는 중년의 배

오늘은 기침이 멈추질 않으니 손으로 입을 막고
오늘은 각혈이 멈추질 않을 만큼 자판을 물들이니
빈 술잔 눈물이라도 좋을 텐데 빈잔 그것이 인생이다

가족도 형제도 친구도 노잣돈 있어야 살 듯
서울 생활 어느덧 삼 년인데
형제들 어떻게 살아가는지
옥탑방 생활은 춥지는 않은지
사업은 잘 하는지
그저, 딸자식 노부모님께 맡겨 두고
저 혼자 잘 살겠다고 그런 사람으로 밖에

가진 것이 없어서 모임 한번 나가려면
수십 번 생각에 고민을
명절이 다가오는데 고향은 멀리만 있는 듯

“삼촌 한 달 수입은 얼마나 되세요
연수 언제 서울로 데리고 갈 거예요?“
서울 생활하는데
십 원 한 장 도와 달라고 한 적이 있는지
그저 말 한마디 우리 연수 아빠
서울 사람으로 잘 살아가시네요
따뜻한 말 한마디가 뭐가 그리 어려운지
추석이 기억 속에서 멀어져간 옛 이야기이지만
무거운 발걸음 한다

오늘도 소주 한 병과 약 한 봉지를 주머니에 넣고.

밴드 가족들의 축하

아름다운 서정시를 쓰는 시인은
그 마음이 맑고 아름답기 때문입니다
축하드리며 향필하십시오. _박용진. 69.대구

멋져요. _수기. 70. 설

마음이 깨끗한 시인님
시어처럼 아름답고 빛나기를
우주별 소행성 어린왕자 되어
반짝반짝 아픈 맘에 비춰 주시기를요. _영. 76. 울산

제10시집 출간 진심으로 축하하며
여리고 순수한 영혼을 가진 남자
강전영 시인님 넘 멋져요. _정경화. 64. 대구

축하 드려요 _손의정 73 대전

늘 언제나 항상 처음처럼
"제10시집" 출간 진심으로 축하해 축하해
멋진 친구여
친구가 나의 벗이라서
행복하고 고맙고 감사하다네
앞으로도 사랑 가득 담긴 맑고 아름다운 좋은 글
많이 부탁하네
친구에게 건강과 행운이 언제나 늘 함께하길
기도해 줄게
행복하소서. _김은희. 70. 서울

제10시집 출간을 앞서 축하 드려요
항상 향필 하시길 기도 합니다.

_ 文嶺(문영) 김미경 70 천안(공리)

바람

바람 속을 걷자
바람 속 바다를 걷자
바람 속 하늘을 걷자
바람
바람 계절도 쉬게 하는 바람

어둠도 쉬게 하는 바람
쉬이 왔다가는 바람이 아니라
쉬이 멈추어 서서 버팀목 되는
바람
빠알간 우체통 사연처럼
바람은 날개는 없지만 멀리 날고 싶어
하모니카 소리에
눈물이 나면 바람이다.

덫

걸리었다

거짓말

한숨이다.

기다리지 않아도 그 사람이다

인　쇄: 초판인쇄 2016년 01월 10일
인　쇄: 초판인쇄 2016년 01월 15일
지은이: 강전영
펴낸이: 윤기영
편　집: 정설연
펴낸곳: 노트북
등　록: 제 305-2012-000048호
본　사: 서울시 동대문구 사가정로 256-4호 나동B101호
전　화: 070-8887-8233 팩시밀리 02-844-5756
이메일: hdpoem55@hanmail.net

2016. 01 강전영 열 번째 詩集

정 가: 10.000원
ISBN: 978-89-92687-57-7-03810

한국현대시[韓國現代詩]

811.7-KDC6
895.715-DDC23　　CIP2015031528